AF279335

Maritere Fernández

APULEYO EDICIONES   FOMENTO DE VALORES   CUENTOS ILUSTRADOS

CANDY Y LOS CABALLOS

APULEYO EDICIONES   FOMENTO DE VALORES   CUENTOS ILUSTRADOS

Érase una vez una niña llamada Candy. Aunque vivía en la ciudad y no tenía animales, le gustaban tanto que, cuando se hizo mayor, estudió veterinaria para poder así estar con ellos y cuidarlos.

El Carmen

Se fue a vivir a una granja en un pequeño pueblo de Galicia. Desde su casa, disfrutaba cada día de unas preciosas vistas y de un horizonte con el que había soñado desde su infancia.

En la granja había vacas, caballos, gallinas, perros, gatos e incluso golondrinas que venían cada primavera.

Sin embargo, con los caballos tenía una conexión especial. Llegó a tener muchos, unos suyos, otros rescatados y otros acogidos, de personas que no tenían quien los cuidara.

Entre sus caballos había uno muy especial llamado Conan. Era especial porque llamaba la atención debido a su porte imponente y poderoso que, junto a su carácter divertido y bonachón, le hacía destacar entre los demás.

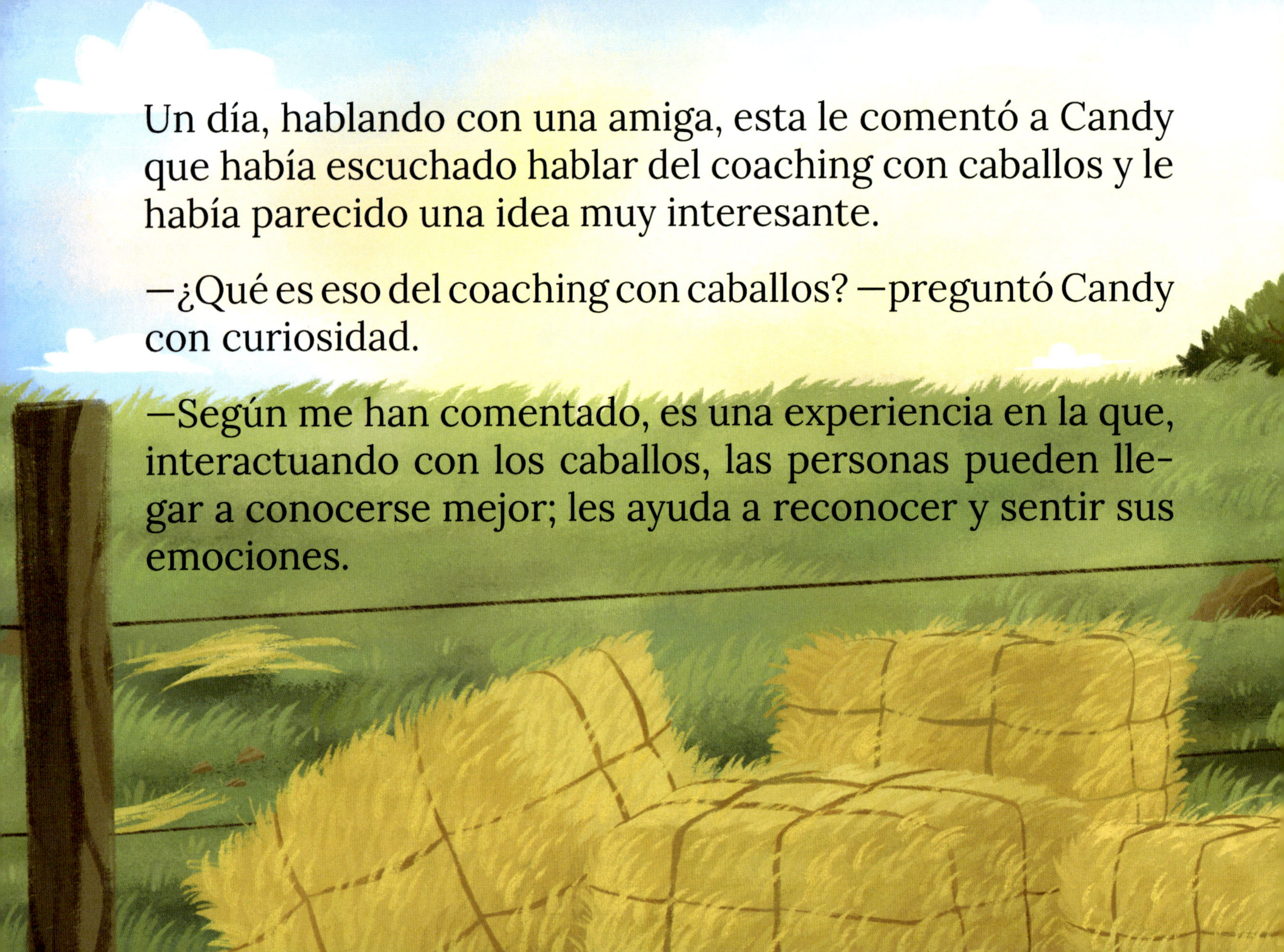

Un día, hablando con una amiga, esta le comentó a Candy que había escuchado hablar del coaching con caballos y le había parecido una idea muy interesante.

—¿Qué es eso del coaching con caballos? —preguntó Candy con curiosidad.

—Según me han comentado, es una experiencia en la que, interactuando con los caballos, las personas pueden llegar a conocerse mejor; les ayuda a reconocer y sentir sus emociones.

—¿Y los caballos se tienen que montar? —preguntó Candy.

—No, no se montan. Sí podemos acercarnos a ellos y tocarlos, e incluso ponerles la cabezada y hacer alguna actividad a pie.

—¡Qué interesante! —dijo Candy.

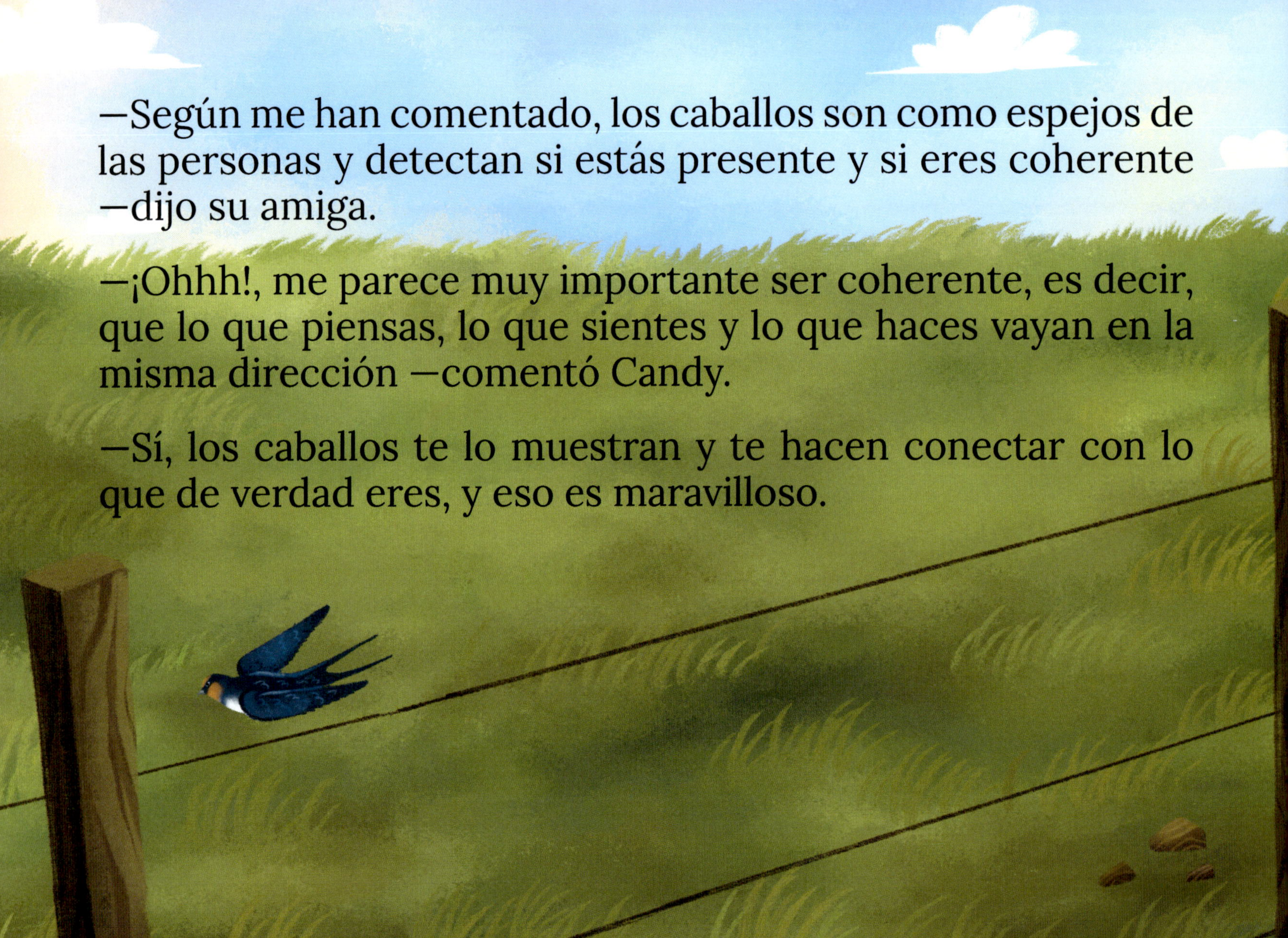

—Según me han comentado, los caballos son como espejos de las personas y detectan si estás presente y si eres coherente —dijo su amiga.

—¡Ohhh!, me parece muy importante ser coherente, es decir, que lo que piensas, lo que sientes y lo que haces vayan en la misma dirección —comentó Candy.

—Sí, los caballos te lo muestran y te hacen conectar con lo que de verdad eres, y eso es maravilloso.

Y, después de esta conversación, Candy comenzó a investigar sobre ello y empezó a formarse como coach, para poder trabajar con esos seres puros y maravillosos que son los caballos.

Al cabo de unos años, comenzó a hacer coaching con sus caballos en la finca El Carmen. Entre ellos, Conan parecía ser el caballo más voluntarioso. Todos juntos formaban un gran equipo que, guiado por Candy, ayudaba a muchas personas a mostrar sus emociones y sentimientos, y así poder descubrir lo mejor de sí mismos.

El Carmen

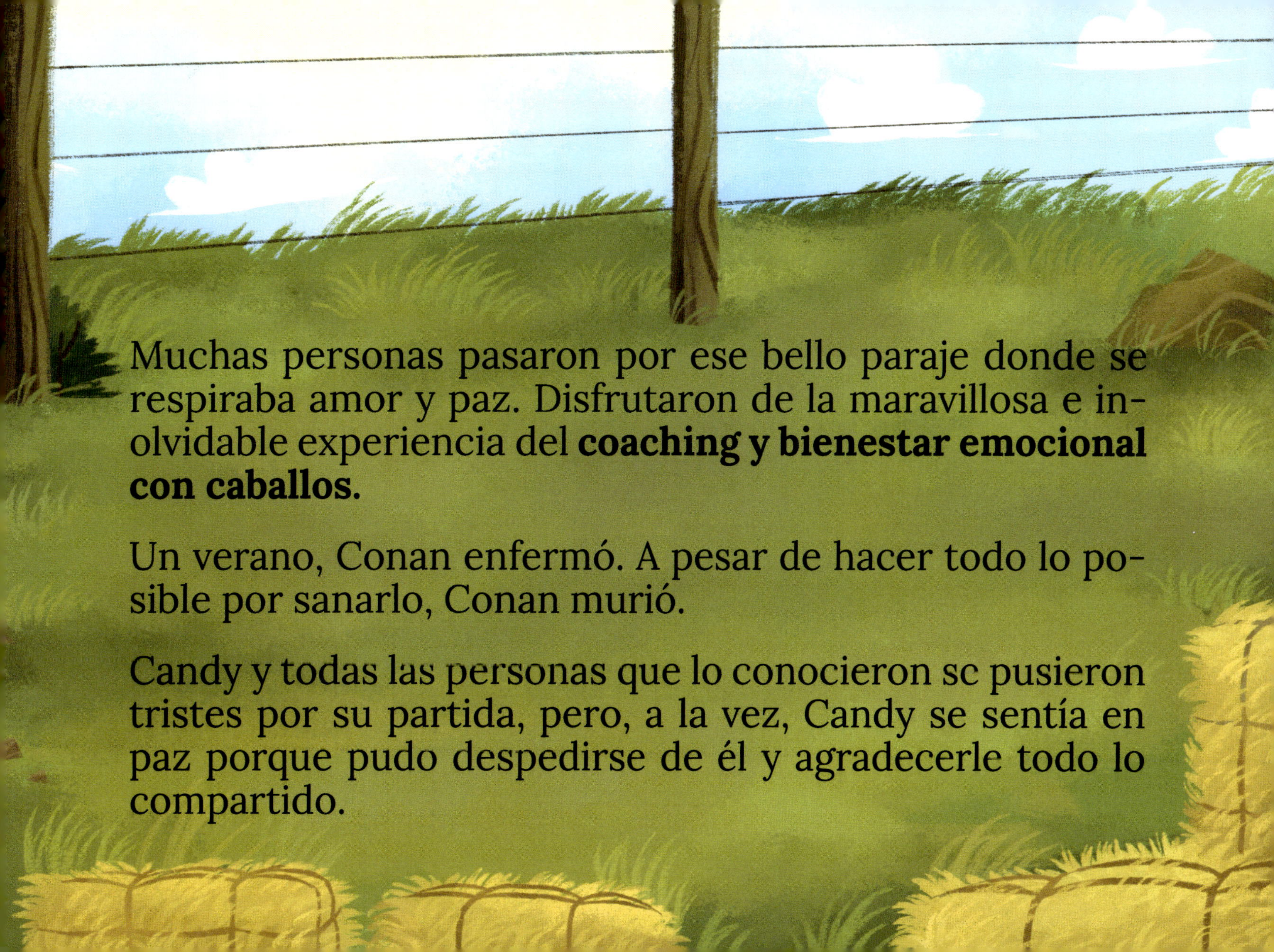

Muchas personas pasaron por ese bello paraje donde se respiraba amor y paz. Disfrutaron de la maravillosa e inolvidable experiencia del **coaching y bienestar emocional con caballos.**

Un verano, Conan enfermó. A pesar de hacer todo lo posible por sanarlo, Conan murió.

Candy y todas las personas que lo conocieron sc pusieron tristes por su partida, pero, a la vez, Candy se sentía en paz porque pudo despedirse de él y agradecerle todo lo compartido.

Conan les mandó un mensaje en forma de arcoíris para despedirse, que todos interpretaron de esta manera: «No estéis tristes porque yo formo parte de vosotros».

Y aquel frío invierno que vino después de su partida, trajo mariposas naranjas, que simbolizan amor, y flores amarillas, que representan la luz. Y es que la energía ni se crea ni se destruye sino que se transforma, y Conan sigue presente en cada rincón de la finca.

El mensaje de Conan inspiró a Candy a extender el mensaje por otras partes de España y llegar así a muchas personas más.

Y es que Conan nos recuerda cada día que el poder está, aquí y ahora, DENTRO DE NOSOTROS…

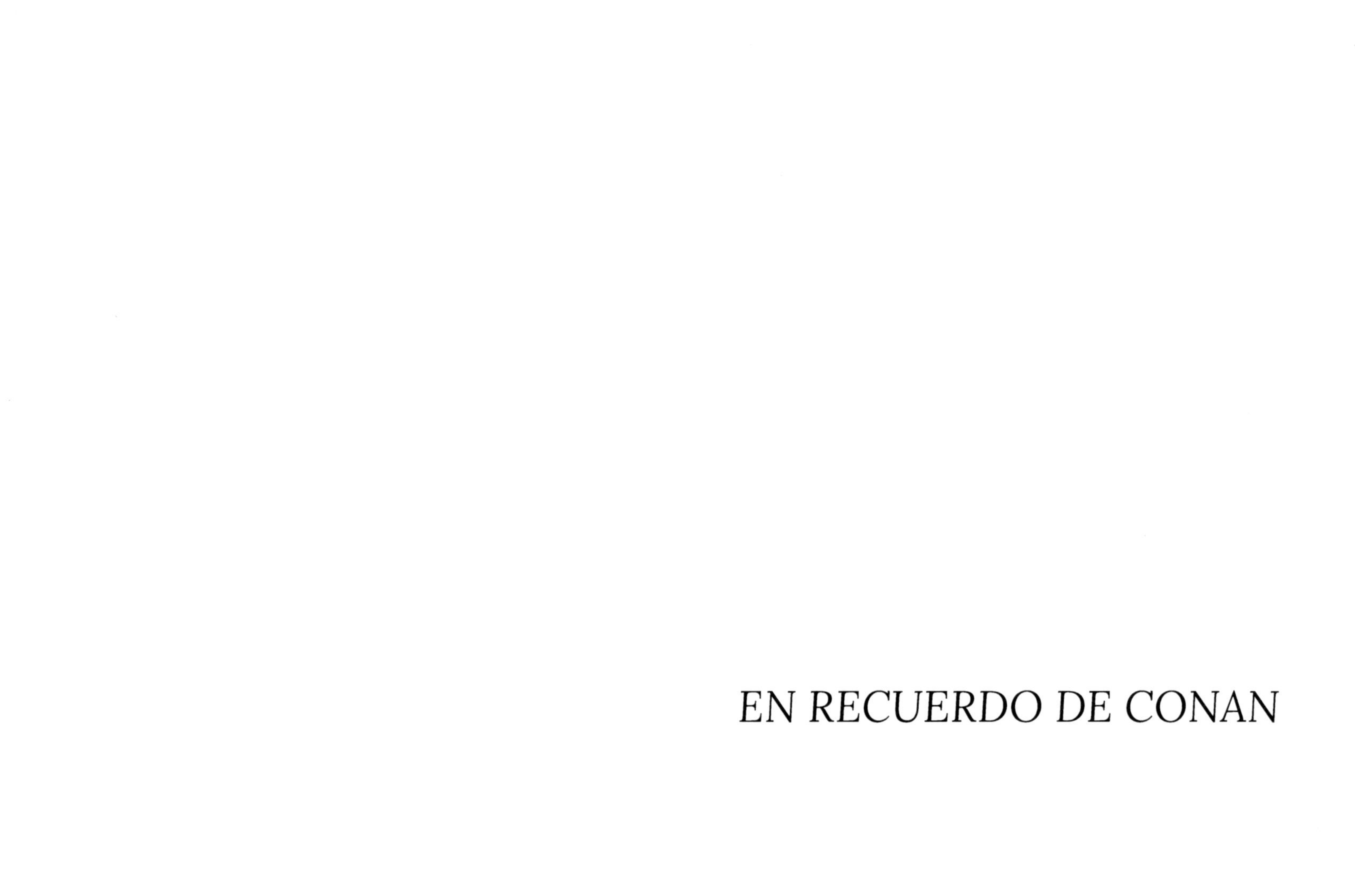

EN RECUERDO DE CONAN

© Marítere Fernández González (de la obra)
©Apuleyo Ediciones (de esta edición)
Primera edición en Apuleyo Ediciones: febrero 2025
Diseño de cubierta: F.J.Garrido Barroso
Corrección: Aitor Andreu Guerrero
Maquetación: F.J.Garrido Barroso
Ilustraciones: Thainá Lins
Coordinación editorial: Isidoro Cidre González
info@apuleyoediciones.com
www.apuleyoediciones.com
ISBN: 978-84-1060-385-1
Depósito legal: H-449-2024

Hecho e impreso en España.

APULEYO EDICIONES   FOMENTO DE VALORES   CUENTOS ILUSTRADOS

Maritere Fernández

APULEYO EDICIONES   FOMENTO DE VALORES   CUENTOS ILUSTRADOS